Ciné-Module

Cahier du Professeur

MANON DES SOURCES

Un film de Claude Berri
1986

Anne-Christine Rice

Copyright © 2005 Anne-Christine Rice

ISBN 10: 1-58510-136-2
ISBN 13: 978-1-58510-136-8

This book is published by Focus Publishing, R. Pullins & Company, Inc., PO Box 369, Newburyport MA 01950. All rights are reserved. No part of this publication may be reproduced, stored in a retrieval system, or transmitted in any form or by any means, electronic, mechanical, by photocopying, recording, or by any other means, without the prior written permission of the publisher.

10 9 8 7 6 5 4 3 2

1109W

À l'attention du professeur

Depuis sa sortie en 2000, le manuel *Cinema For French Conversation* a rencontré un franc succès dans les universités, mais beaucoup de professeurs de lycée m'ont demandé de l'adapter pour pouvoir l'utiliser avec leurs élèves. J'ai donc décidé de créer les *Ciné-modules*.

En quoi les *Ciné-modules* sont-ils différents des chapitres de *Cinema For French Conversation* ?

1. Un film par module : Les professeurs de lycée ont souvent moins de flexibilité que leurs collègues dans les universités, et il peut donc être difficile de faire beaucoup de films par an. Comme chaque *Ciné-module* ne traite que d'un film, les élèves ne se procurent que les modules dont ils ont besoin.

2. Des films adaptés à un public lycéen : Tous les films qui feront l'objet d'un *Ciné-module* me semblent adaptés aux élèves. C'est évidemment un choix très personnel et chaque professeur devra juger en fonction de sa classe, de la maturité et des goûts de ses élèves. Certains films classés « R » aux Etats-Unis feront l'objet d'un *Ciné-module* car ils sont d'un grand intérêt linguistique et culturel. Certains ne seront pas choisis car il me semble qu'ils sont trop violents, qu'ils présentent des sujets dont il est délicat de parler au lycée ou qu'ils nécessitent une maturité que les lycéens n'ont sans doute pas.

3. Des activités adaptées aux besoins des lycéens :

    - L'étude de la bande-annonce donne une impression générale du contexte et des personnages, et facilite la compréhension du film.

    - Deux photos permettent aux élèves (et notamment à ceux qui sont à un niveau moins avancé) d'avoir un support concret pour la discussion.

    - L'analyse très détaillée d'une scène donne l'occasion aux élèves de prendre du recul, de mettre la scène en perspective, d'approfondir leurs connaissances linguistiques, et de préparer un sketch.

    - La lecture est plus courte et les questions sont adaptées à des élèves au niveau intermédiaire. Un professeur enseignant à une classe avancée pourra facilement donner un passage plus long.

A qui s'adressent les *Ciné-modules* ? Quel niveau les élèves doivent-ils avoir ?

Les *Ciné-modules* ont été conçus pour des lycéens au niveau intermédiaire ou avancé. Les questions et les activités proposées requièrent un bon niveau de leur part, mais il est tout à fait possible d'éliminer les exercices les plus difficiles. Peu de professeurs ont de toute façon le temps de faire toutes les activités proposées. Le but est donc d'offrir un large choix pour permettre à chacun de sélectionner ce qui convient à sa classe.

Pourquoi étudier *Manon des sources* ?

Manon des sources est plus que la suite de *Jean de Florette*. Cette partie de l'histoire est plus complexe et les différentes révélations permettent de mettre les actions des personnages en perspective. Le spectateur est tenu en haleine jusqu'à la fin et le dénouement est inattendu.

Comment le film est-il classé ?

Il est classé PG aux Etats-Unis, "Tous" par *Télérama* et "Adultes" par Monsieur Cinéma. Ce choix est tout à fait étonnant puisqu'il est dans la même veine que *Jean de Florette*, classé "Famille". Il me semble que *Manon des sources* est approprié pour tous publics.

Comment les élèves réagissent-ils ?

Ils trouvent le film triste mais pas injuste comme *Jean de Florette*. La fin leur plaît car les gentils sont récompensés et les méchants sont punis. Il est intéressant de leur faire découvrir que c'est une histoire tout en nuances sur des thèmes universels.

Comment le *Ciné-module* est-il organisé ?

Le module est organisé en trois parties : Préparation, Conversation en classe, et Approfondissement.

Préparation : Après une brève présentation du film, des renseignements sur le réalisateur et les acteurs, et les récompenses obtenues par le film, les élèves sont invités à apprendre du vocabulaire dont ils auront besoin pour analyser le film. Quelques phrases de traduction leur permettent de mettre en pratique ce vocabulaire. Il leur est ensuite demandé de faire des recherches sur des aspects culturels du film, ce qui peut faire l'objet d'exposés. Enfin l'étude de la bande-annonce est un bon support de conversation avant de visionner le film.

Conversation en classe : La deuxième partie pose des questions précises sur le film. Elle permet de s'assurer que les élèves ont bien compris l'histoire et leur donne l'occasion de poser des questions pour éclaircir des passages qu'ils n'ont pas compris. Elle les invite aussi à réfléchir à l'enchaînement des événements et les encourage à utiliser le vocabulaire appris avant de voir le film.

Approfondissement : Cette dernière phase amène les élèves à réfléchir, analyser, comparer, enrichir leur vocabulaire, affiner leur esprit critique et approfondir leurs connaissances de la langue.

Quelle différence y a-t-il entre les *Ciné-modules* pour les élèves et les *Ciné-modules* pour les professeurs ?

Chaque titre a une version élève et une version professeur. Elles suivent exactement le même format. La version destinée aux professeurs propose des réponses à toutes les questions et aux exercices, et donne, en annexe, une liste d'adresses utiles pour se procurer les films et des photos, ainsi que des sites Internet ayant trait au cinéma. Bien sûr, l'analyse de films n'étant pas une science exacte, les *Ciné-modules* pour les professeurs n'ont ni le but ni l'ambition d'avoir réponse à tout. Ils proposent seulement des pistes de réponses et de réflexion.

Quelles activités peut-on faire pour approfondir l'étude de *Manon des sources* ?

Ce sont les mêmes que pour *Jean de Florette* :

a. **Oeuvre de Marcel Pagnol:** L'œuvre de Pagnol se prête bien à une étude en classe mais les romans sont difficiles à lire. Le style est descriptif et le vocabulaire est très pointu. En revanche les pièces de théâtre (*La femme du boulanger* en particulier) se lisent plus facilement et peuvent être intéressantes pour des élèves motivés. Les films de Pagnol et ceux tirés de son œuvre sont de bons compléments à l'étude de *Jean de Florette* et *Manon des sources*, notamment *La gloire de mon père* et *Le château de ma mère*, la trilogie *Marius – Fanny – César* et *La femme du boulanger*.

b. **Autres auteurs provençaux:** Pour une étude plus approfondie de la Provence, il est intéressant de lire des extraits de l'œuvre de Jean Giono et de celle d'Alphonse Daudet.

c. **Artistes:** De nombreux artistes ont été inspirés par la Provence. Les Impressionnistes étaient captivés par la lumière provençale et plusieurs, dont Monet et Renoir, ont séjourné en Provence pour peindre. Van Gogh et Gauguin ont eux aussi trouvé l'inspiration en Provence. Enfin Picasso a passé la plus grande partie de sa vie dans la région et y a peint de nombreux tableaux. Les élèves peuvent donc faire des recherches sur ces artistes et les œuvres qu'ils ont peintes en Provence.

Table des matières

Présentation du film 1
Carte d'identité du réalisateur 1
Carte d'identité des acteurs 1
L'heure de gloire 2

Préparation
    Vocabulaire 3
        I. Traduisez 4
        II. Repères culturels 4
        III. La bande-annonce 4

Conversation en classe
    Questions 6

Approfondissement
    Vocabulaire 10
        ▪ Enrichissez votre vocabulaire 10
        ▪ Jouez avec les mots 11
        I. Réflexion – Essais 13
        II. Analyse de photos 17
        III. Analyse de citations 18
        IV. Sous-titres 19
        V. Analyse d'une scène : La cour de l'école
            A. Ecoutez 21
            B. Observez 22
            C. Cette scène dans l'histoire 23
            D. Langue 24
            E. Comparaison avec d'autres scènes 26
            F. Sketch 27
        VI. Lecture 27

Annexes
Vocabulaire du cinéma 30
Comment exprimer votre opinion 33
Credits 34

~~~ Manon des sources ~~~

 ## Présentation du film

Dix ans ont passé depuis la mort de Jean de Florette. Manon a 18 ans et s'occupe de ses chèvres dans les collines. L'heure est arrivée de se venger contre le Papet, Ugolin et le village tout entier...

 ## Carte d'identité du réalisateur

Claude Berri (né en 1934) est à la fois réalisateur, producteur et acteur. Il a commencé par de petits rôles au cinéma, puis a réalisé des courts-métrages. La consécration est venue avec *Le vieil homme et l'enfant* en 1966. Depuis, il a reçu de nombreux prix, en particulier pour *Tchao Pantin* (1983), *Jean de Florette* et *Manon des sources* (1986), *Uranus* (1990), *Germinal* (1993), et *Lucie Aubrac* (1997). En 2002 il a réalisé *Une femme de ménage*.

 ## Carte d'identité des acteurs

Yves Montand (1921-1991) a commencé comme chanteur avec l'aide d'Edith Piaf. C'est *Le salaire de la peur* (1953) qui a lancé sa carrière au cinéma. Il a ensuite été remarqué dans *Let's make love* (1960) (où il avait Marilyn Monroe comme partenaire), *Z* (1969), *César et Rosalie* (1972), *Garçon!* (1983), et enfin *Jean de Florette* (1986) et *Manon des sources* (1986) qui ont couronné sa carrière.

Daniel Auteuil (né en 1950) a d'abord été un acteur comique. C'est *Jean de Florette* et *Manon des sources* qui l'ont fait changer de registre, et il est alors devenu très demandé par les plus grands réalisateurs. Il sait être grave, comique, subtil, poignant, pudique, et surtout humain. Il a fait des prestations remarquées dans *Un cœur en hiver* (1992), *La Reine Margot* (1994), *Le Huitième jour* (1996), *Lucie Aubrac* (1997), *La fille sur le pont* (1999), *Le placard* (2001) et *L'adversaire* (2001).

Emmanuelle Béart (née en 1965) est aujourd'hui l'une des actrices les plus en vogue. Sa beauté et son talent en ont fait une star internationale. Après *Manon des sources* (son premier grand succès), elle a eu de très beaux rôles dans *La belle noiseuse* (1991), *Un cœur en hiver* (1992), *Nelly et M. Arnaud* (1995) et *Les destinées sentimentales* (2000). Récemment on l'a vue dans *8 femmes* (2002) et *Les égarés* (2003).

L'heure de gloire

Manon des sources a reçu les mêmes récompenses que *Jean de Florette* avec, en plus, le César de la meilleure actrice dans un second rôle pour Emmanuelle Béart.

PRÉPARATION

ABC Vocabulaire

Vocabulaire utile avant de voir le film (revoyez aussi le vocabulaire de *Jean de Florette*):

Les noms:
un(e) berger (-ère): *a shepherd (ess)*
une chèvre: *a goat*
un(e) instituteur (-trice): *a school teacher*
un canif: *a pocket knife*
un piège: *a trap*
une grive: *a thrush*
un lièvre: *a hare*
un(e) villageois(e): *a villager*
le maire: *the mayor*
une fontaine: *a fountain*
le curé: *the priest*
une prière: *a prayer*
la cour de l'école: *the schoolyard*
la mariée: *the bride*
le marié: *the groom*
un chapelet: *a rosary*
un peigne: *a comb*
la vérité: *the truth*
une punition: *a punishment*

Les verbes:
rapporter (de l'argent): *to bring in (money)*
arroser: *to water*
mettre le feu à qqch: *to set fire to something*
chasser: *to hunt*
couler (eau): *to run (water)*
rendre hommage à qq'un: *to pay homage to someone*
en vouloir à qq'un: *to bear someone a grudge*
coudre: *to sew*
aller à la messe: *to go to mass*
épouser qq'un: *to marry someone*
se marier avec qq'un: *to marry someone*
se suicider: *to commit suicide*
se pendre: *to hang someone*
révéler: *to reveal*
avoir honte de qqch: *to be ashamed of something*
pardonner: *to forgive*

Les adjectifs:
cultivé(e): *educated*
humilié(e): *humiliated*
enceinte: *pregnant*
aveugle: *blind*

I. Traduisez!

1. *The villagers would go to mass if the fountain stopped running.*

   Les villageois iraient à la messe si la fontaine s'arrêtait de couler.

2. *If you reveal the truth I will never forgive you.*

   Si vous révélez la vérité je ne vous pardonnerai jamais.

3. *He was so ashamed and he had been so humiliated that he committed suicide.*

   Il avait tellement honte et il avait été tellement humilié qu'il s'est suicidé.

4. *The bride is an educated shepherdess and the groom is a schoolteacher.*

   La mariée est une bergère cultivée et le marié est instituteur.

II. Repères culturels

1. *Bernard est le nouvel instituteur. Quelles sont les fonctions d'un instituteur? Quelle est la différence avec un professeur?*

   Les instituteurs enseignent dans les écoles maternelles (les enfants ont entre 3 et 6 ans) et primaires (les enfants ont entre 6 et 11 ans). Les instituteurs enseignent toutes les matières. Les professeurs enseignent au collège (les collégiens ont entre 11 et 15 ans) et au lycée (les lycéens ont entre 15 et 18 ans). Les professeurs sont spécialisés et n'enseignent généralement qu'une matière (par exemple: le français, les mathématiques, l'anglais, les sciences naturelles, etc.).

2. *Les villageois organisent une procession. Qu'est-ce que c'est? A quoi ça sert?*

   Une procession est une marche religieuse pendant laquelle les participants prient et chantent.

3. *Dans Manon des sources, le village est divisé entre les croyants et les anti-cléricaux. Qu'est-ce que l'anticléricalisme?*

   Un croyant est une personne qui a la foi religieuse. Généralement, les croyants assistent aux offices religieux. Les anticléricaux, au contraire, sont hostiles au clergé et notamment à son influence dans la vie publique. L'opposition entre croyants et anticléricaux existe surtout depuis la seconde moitié du XIXe siècle. En France, l'Eglise et l'Etat sont séparés depuis 1905.

III. Bande-annonce (sur le DVD)

1. *Qu'est-ce que le narrateur dit sur Jean de Florette ? Qu'est-ce que cela implique pour Manon des sources ? Quels passages ont été choisis comme illustration ?*

   Le narrateur dit que *Jean de Florette* était la Préface, ce qui implique que les événements les plus importants vont avoir lieu dans *Manon des sources*. On voit Jean pendant la sécheresse, le Papet caché derrière un arbre, le « baptême » d'Ugolin, et Manon en larmes.

2. *Quel personnage fait la transition entre Jean de Florette et Manon des sources ?*

    C'est Manon qui fait la transition : on la voit en train de pleurer dans Jean de Florette, puis pendant un orage dans Manon des sources.

3. *Où Manon se trouve-t-elle quand on la voit dans ces extraits ? Sa vie semble-t-elle avoir beaucoup changé depuis 10 ans ?*

    Manon est principalement dans les collines. Elle court dans la campagne, se baigne et s'occupe de ses chèvres. On la voit aussi en ville, mais sa vie semble être assez similaire à celle qu'elle avait étant enfant.

4. *Quelles sont les différentes activités des villageois ?*

    On voit les villageois marcher en groupe dans la campagne, faire une procession dans une rue du village, et se regrouper autour de la fontaine à sec.

5. *Est-ce qu'on connaît tous les personnages ?*

    On les connaît tous sauf le jeune homme qui embrasse Manon et qui se marie avec elle.

6. *Est-ce qu'on entend les acteurs parler ?*

    Non, on ne les entend jamais parler. Il n'y a que la voix du narrateur.

7. *Quel(s) personnage(s) est/sont associé(s) aux mots suivants, et que fait/font-il(s) quand le mot est prononcé ?*

	Personnage(s)	Actions
" good " :	Manon	C'est un gros plan d'elle. Elle est pensive.
" evil " :	Le Papet et Ugolin	Ils sont tournés vers le spectateur et ont le regard noir.
" romance " :	Manon	On voit Manon et son mari à leur mariage.
" revenge " :	Manon	Elle pointe du doigt le Papet et un autre personnage que l'on devine être Ugolin.

CONVERSATION EN CLASSE

1. *Les personnages:* César Soubeyran = le Papet (Yves Montand)
   Ugolin (Daniel Auteuil)
   Manon (Emmanuelle Béart)
   Bernard (l'instituteur, Hippolyte Girardot)
   Aimée (Elisabeth Depardieu)

2. *Pourquoi le Papet veut-il qu'Ugolin se marie?*

   Il veut qu'Ugolin se marie pour préserver la fortune des Soubeyran et aussi pour qu'il vive sa vie à sa place.

3. *En quoi l'instituteur est-il différent des gens du village?*

   L'instituteur a fait des études, il est cultivé et éclairé, il n'est pas agriculteur, et comme il est nouveau au village, il ne connaît pas les vieilles histoires.

4. *Décrivez les activités de Manon.*

   Elle s'occupe de ses chèvres, tend des pièges pour attraper des grives et des lièvres, elle cueille des fleurs, se promène, se baigne, et joue de l'harmonica.

5. *Pourquoi Manon ne veut-elle pas aller vivre avec sa mère?*

   Elle préfère vivre dans les collines avec la dame italienne. C'est sa façon de rendre hommage à son père.

6. *Comment Ugolin réagit-il quand il entend l'instituteur raconter qu'il a rêvé de Manon?*

   Ugolin est jaloux et comprend qu'il a un rival.

7. *Que pensez-vous de l'amour d'Ugolin? En quoi est-il différent de l'amour de l'instituteur?*

   L'amour d'Ugolin est intense, sincère et primitif. Il ne sait pas comment parler aux filles, il ne sait comment approcher Manon, mais il passe des heures à la suivre et à l'observer. Il met des grives dans ses pièges, et trouve un ruban qu'elle avait dans les cheveux. Il le coud alors dans sa chair... L'instituteur est beaucoup plus à l'aise avec Manon. Il lui parle naturellement et Manon est à l'aise avec lui.

8. *Pourquoi Ugolin ne veut-il pas dire au Papet qui il aime?*

   Il ne lui dit pas car il veut garder pour lui ce premier amour. Ceci dit, il aime parler d'elle au Papet.

9. *Que dit le Papet sur Manon après l'avoir vue? A qui ressemble-t-elle?*

   Il la trouve belle et dit que «c'est tout le portrait de sa grand-mère, Florette Camoins».

10. *Quelle est la technique de séduction que le Papet explique à Ugolin?*

    Il dit qu'il ne faut surtout pas faire pauvre, qu'il faut montrer sa richesse, notamment en étant bien habillé avec un beau costume de chasse tout neuf.

11. *Qu'est-ce que Manon apprend dans la colline sur la responsabilité des villageois? Comment réagit-elle?*

    Elle apprend que tout le village savait qu'il y avait une source sur les terres de Jean de Florette, mais que personne n'a rien dit. Elle se rend compte que tout le monde est coupable et part en hurlant et pleurant.

12. *Pourquoi Manon met-elle le feu aux œillets d'Ugolin? Réussit-elle? Que se passe-t-il?*

    Manon cherche à se venger d'Ugolin, mais le feu est vite éteint car il se met à pleuvoir.

13. *Comment Manon découvre-t-elle l'origine de la source du village? Que fait-elle alors?*

    Manon découvre la source par hasard. Une de ses chèvres s'est égarée dans une grotte, où Manon remarque que la terre est la même que celle du bassin qui alimente la fontaine du village. Elle comprend alors qu'en bouchant cette source elle privera les villageois de leur eau. C'est ce qu'elle fait, avec du ciment.

14. *Quelle est la réaction des villageois quand l'eau ne coule plus?*

    Au début les villageois sont paniqués, affolés, stupéfaits. Ensuite, ils sont prostrés, et la vie semble s'être arrêtée au village.

15. *Que fait Ugolin pour arroser ses œillets?*

    Il va chercher de l'eau avec son mulet, comme le faisait Jean de Florette.

16. *Qui vient pour les aider? Est-ce que ça marche? Pourquoi? Comment les villageois se comportent-ils?*

    Le maire du village fait venir un représentant de l'administration, qui ne peut malheureusement pas rendre l'eau aux habitants. Ceux-ci sont énervés, agités, et on assiste à un début de folie collective.

17. *De quoi le curé parle-t-il pendant la messe?*

    Il parle de la source, de la punition de Dieu, et semble savoir qu'il se trouve un criminel parmi les villageois. Il est possible qu'il ait appris quelque chose en confession.

18. Pourquoi Manon assiste-t-elle? Est-ce dans son habitude? Quelles réactions provoque-t-elle?

Il n'est pas dans l'habitude de Manon d'aller à la messe. Elle arrive en retard et beaucoup de gens la regardent, notamment Ugolin, le Papet et l'instituteur. Elle assiste pour se montrer et pour voir les villageois. Sa présence est un défi.

19. Quelles sont les conclusions du Papet après la messe sur la possibilité pour Ugolin d'épouser Manon?

«J'ai dans l'idée qu'elle ne voudra pas de toi», dit le Papet à Ugolin.

20. Que se passe-t-il dans la cour de l'école?

Devant tout le monde, Manon accuse le Papet et Ugolin d'être les responsables de la mort de son père. Le Papet se défend mais les villageois savent que Manon dit la vérité. Ugolin déclare son amour pour Manon pour la seconde fois, mais elle le repousse. Elle apprend aussi aux villageois atterrés que Florette était sa grand-mère.

21. Pourquoi Ugolin se suicide-t-il? Qu'est-ce qui l'a tué?

Il se suicide car il a tout perdu. Il sait que Manon ne l'aimera jamais, il a été humilié publiquement, il en veut au Papet, et est jaloux de l'instituteur qu'il voudrait tuer.

22. Qu'est-ce que Manon et l'instituteur partagent?

Ils partagent le secret de la source. Ils sont les seuls à savoir pourquoi l'eau ne coule plus.

23. Que croient les villageois quand l'eau revient?

Ils croient à un miracle. Ils pensent que Dieu a écouté leurs prières et qu'il a rendu l'eau à cause de la procession.

24. Est-ce que tout le monde est content?

Non. Le village est divisé entre croyants et anti-cléricaux. C'est une division religieuse et politique, et le maire, qui est anti-clérical, a peur de perdre les prochaines élections car tout le monde va croire au miracle et se tourner vers l'église.

25. Que fait le Papet le jour du mariage de Manon? Que se passe-t-il quand il la voit en mariée?

Il n'est évidemment pas invité. Il se rend au cimetière pour mettre un bouquet d'œillets sur la tombe d'Ugolin quand il voit Manon en mariée. A cet instant, les invités qui se préparaient pour une photo se figent. Le Papet s'arrête un instant et continue son chemin. C'est un moment pathétique.

26. *Qu'est-ce que Delphine nous apprend?*

La révélation de Delphine est saisissante: étant jeune, le Papet est parti soldat en Afrique. Florette, dont il était amoureux, lui a envoyé une lettre lui annonçant qu'elle attendait un enfant. N'ayant jamais reçu de réponse de lui, Florette a épousé un autre homme et a eu un fils, Jean, le père de Manon. Le Papet s'effondre en apprenant la nouvelle, car il n'a jamais reçu cette lettre. Il en a voulu toute sa vie à Florette d'avoir épousé quelqu'un d'autre, et a torturé Jean car il ne savait pas que c'était son fils.

27. *Pourquoi Delphine n'a-t-elle rien dit plus tôt?*

Delphine dit au Papet qu'elle n'en a jamais parlé à personne. Elle n'a jamais mentionné cette lettre au Papet, car elle pensait qu'il l'avait reçue et avait choisi de ne pas y répondre.

28. *Pourquoi le Papet sait-il qu'il va mourir? De quoi meurt-il?*

Il sait qu'il va mourir car il n'a plus envie de vivre. Il a tout perdu et a honte de lui. Il meurt de chagrin.

29. *Quels sont les deux objets que le Papet a en main sur son lit de mort?*

Il tient un chapelet et le peigne de Florette.

APPROFONDISSEMENT

ABC Vocabulaire

Enrichissez votre vocabulaire !

La religion:
religieux: *religious*
croire en Dieu: *to believe in God*
le christianisme:
    un chrétien: *a christian*
    le Seigneur: *the Lord*
    la Vierge: *the Virgin*
    le paradis: *paradise*
    le Ciel: *Heaven*
    l'Enfer: *Hell*
    un(e) catholique: *a Catholic*
    un(e) protestant(e): *a Protestant*
le judaïsme:
    un(e) juif (-ve): *a Jew*
    juif (-ve): *Jewish*
    hébreu: *Hebrew*
    la Pâque juive: *Passover*
    le Nouvel An juif: *Rosh Hashana*
l'Islam:
    un(e) musulman(e): *a Muslim*
    le Coran: *Koran*
    la Mecque: *Mecca*
    l'intégrisme: *fundamentalism*

les religieux:
    un prêtre: *a priest*
    un moine: *a monk*
    une religieuse: *a nun*
    un évêque: *a bishop*
    le Pape: *the Pope*
    un pasteur: *a minister*
    un rabbin: *a rabbi*
les lieux de culte:
    un temple: *a temple*
    une église: *a church*
    une cathédrale: *a cathedral*
    une chapelle: *a chapel*
    un couvent: *a convent*
    une abbaye: *an abbey*
    une synagogue: *a synagogue*
    une mosquée: *a mosque*
le service religieux:
    aller à l'église: *to go to church*
    prier: *to pray*
    le Notre Père: *the Lord's Prayer*
    communier: *to receive communion*
    l'autel: *the altar*
    la croix: *the cross*

> **La vengeance:**
> se venger: *to have one's revenge*
> venger qq'un: *to avenge someone*
> un crime qui crie vengeance:
>   *a crime that cries for vengeance*
> prendre sa revanche sur qq'un: *to get
>   even with someone*
> les représailles: *retaliation*
> en représailles de qqch: *as a reprisal
>   for something*
> rendre la pareille à qq'un: *to give
>   someone tit for tat*
> régler son compte à qq'un: *to settle
>   someone's hash*

Jouez avec les mots!

A. Mots-croisés:

Horizontalement:

2. Sanction
4. Père de Manon; Etre suprême
6. Lieu de culte; Mots adressés à Dieu
7. Contraire du paradis
9. Mettre fin à ses jours
10. Au-dessus des prêtres
12. Revanche
13. Prix décerné à Daniel Auteuil; Ne voit pas
14. Personne qui dirige une ville
15. Prêtre; Paradis
16. Lieu de culte
18. Obtient sa revanche
19. Chrétien, mais pas catholique
20. Avoir la foi
21. Oiseau
22. Instrument pour attraper des animaux
23. Gagner (de l'argent); Service religieux

Verticalement:

A. Un symbole du christianisme
C. Objet ayant appartenu à Florette; Animaux dont s'occupe Manon; Chef de l'Eglise catholique
E. Opposé au clergé; Objet que le Papet tient en mourant
G. Se marier avec
H. Fleurs cultivées par Ugolin
I. Occupation de Manon
J. Type de religieux; Prénom d'Auteuil dans le film

L. Instrument de musique de Jean et Manon
M. Qui a fait des études
N. Femme qui attend un enfant
O. Table pour célébrer la messe
P. Curé
R. Travail des couturières; Lieu où les enfants jouent à l'école; Pas citadins
T. Dit un secret; Le meurtre en est un
U. Extrêmisme religieux
W. Porte une robe blanche pour le grand jour

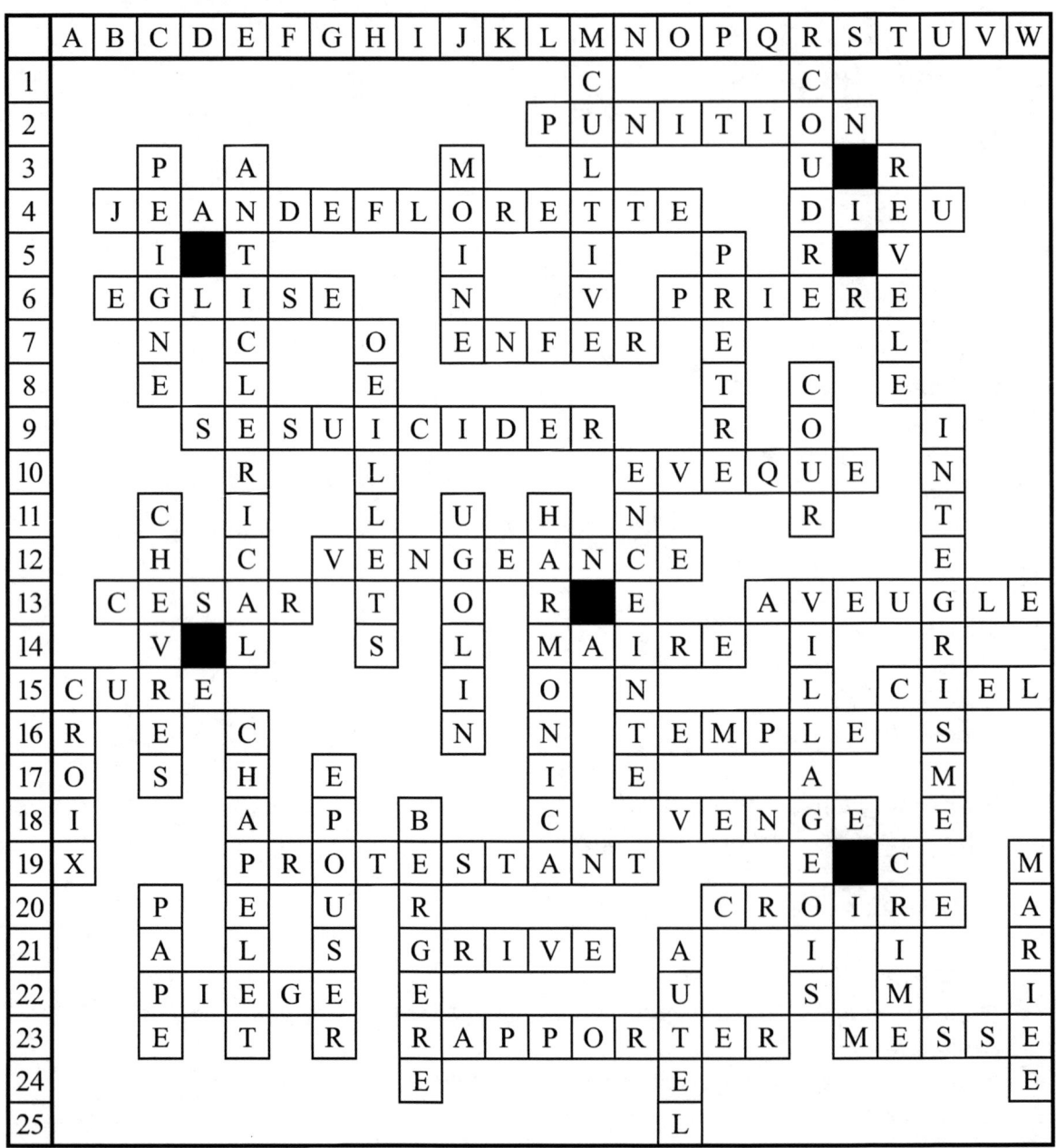

B. Relier les mots qui vont ensemble:

- _g_ 1. épouser
- _d_ 2. abbaye
- _j_ 3. instituteur
- _a_ 4. prêtre
- _b_ 5. fontaine
- _h_ 6. piège
- _i_ 7. coupable
- _c_ 8. chèvres
- _f_ 9. couler
- _e_ 10. représailles

- a. curé
- b. source
- c. bergère
- d. couvent
- e. vengeance
- f. arroser
- g. se marier
- h. lièvre
- i. responsable
- j. professeur

I. Réflexion - Essais

1. *Comment Manon fait-elle son entrée dans le film? Où se trouve-t-elle? Voit-on tout de suite son visage?*

   Nous voyons d'abord ses chèvres, puis seulement ses jambes quand elle monte à un arbre. On voit son visage pour la première fois lorsqu'elle se penche pour observer le nouvel instituteur. Le film nous présente Manon dans son contexte: dans les collines, avec ses chèvres, au milieu des arbres et des broussailles.

2. *Quels sont les changements auxquels on assiste pendant le film dans la personnalité d'Ugolin?*

   Au début du film, Ugolin est un homme qui aime l'argent et qui travaille dur pour le gagner. Il n'est pas très intelligent mais ambitieux. Petit à petit, on découvre un côté différent de sa personnalité. Il tombe amoureux de Manon et devient fou d'amour. Il est rustre mais sincère. Quand Manon rejette son amour et l'accuse de la mort de son père, Ugolin s'effondre. Il fait pitié, car on voit qu'il comprend ce qu'il a perdu et il en éprouve du remords. Il n'est plus le complice du Papet. En fait, il l'accuse d'avoir tout gâché («Tout ça c'est de ta faute! J'ai tout perdu à cause de toi!»)

3. *Finalement, comment Manon se venge-t-elle d'Ugolin, du Papet, et des villageois?*

   Ugolin: Au départ sa vengeance est involontaire: il est tellement amoureux d'elle qu'il en devient fou. Ensuite, elle l'humilie en le repoussant devant tout le monde. Sa vengeance se poursuit puisqu'Ugolin se suicide à cause d'elle, mais Manon ne peut pas en être tenue responsable.

   Le Papet: Elle se venge de lui en repoussant Ugolin, le dernier espoir du Papet pour continuer la famille. En fait, elle est vengée par la révélation de Delphine.

   Les villageois: Elle se venge de leur lâcheté et de leur silence en bloquant leur source, mais surtout en renvoyant chacun à sa conscience

4. *A votre avis, pourquoi Manon n'a-t-elle pas dénoncé le Papet et Ugolin plus tôt?*

   Manon a longtemps été trop jeune pour pouvoir le faire. En plus, elle vit dans les collines et ne va jamais au village. Enfin, elle est plus à même d'affronter les villageois en général maintenant qu'elle sait qu'ils étaient tous complices dans cette conspiration du silence.

5. *Après les révélations de la fin, que pensez-vous du Papet? Votre opinion a-t-elle changé?*

   Après la révélation de Delphine on éprouve de la pitié pour le Papet, car derrière sa méchanceté on devine un personnage sensible. C'est un homme qui a été aigri par la vie et les déceptions. Il ne s'est jamais remis du mariage de Florette avec un autre, et son cœur est devenu sec. On a des regrets quand on se rend compte que s'il avait épousé Florette, il aurait pu être heureux et rendre les autres heureux, au lieu de tout détruire sur son passage.

6. *Que pensez-vous de la punition que le Papet reçoit à la fin du film? Est-elle juste, ou la trouvez-vous trop cruelle? Trouvez-vous que justice est faite? Etes-vous pleinement satisfait?*

   C'est une punition cruelle mais justifiée et méritée quand on pense à l'ampleur de son crime. Justice est faite car le Papet prend conscience qu'en détruisant les autres il s'est détruit lui-même. Il est cependant difficile d'être pleinement satisfait. On a en effet tellement de regrets en pensant que tous ces drames auraient pu être évités et Manon portera toute sa vie ce poids sur ses épaules.

7. *Trouvez-vous que c'est une bonne idée de sa part d'écrire la lettre à Manon et de tout lui révéler, ou pensez-vous qu'il aurait mieux valu ne rien dire, et son secret serait mort avec lui?*

   Si le Papet n'avait rien dit, Manon l'aurait détesté jusqu'à la fin de ses jours. Désormais elle saura tout et pourra, peut-être, comprendre ses motivations. De plus, il ne pouvait pas lui laisser sa fortune sans explication. Enfin, c'est la seule chance du Papet d'être pardonné.

8. *A votre avis, comment Manon va-t-elle réagir en recevant la lettre? Que va-t-elle faire? Pensez-vous qu'elle va pardonner? Que va-t-elle faire de la fortune dont elle hérite à votre avis?*

   Manon va évidemment être extrêmement surprise et choquée d'apprendre que le Papet est son grand-père. Sa curiosité va sans doute la pousser à demander des explications à Delphine, pour comprendre pourquoi «tout ça, c'est la faute de l'Afrique». Il est improbable qu'elle pardonne, car elle a beaucoup souffert de la mort de son père. Il est difficile de deviner ce qu'elle va faire de sa fortune: en faire don à des œuvres de charité? l'utiliser pour construire une école moderne? Toutes les suggestions sont permises!

9. *Le maire, le curé et l'instituteur sont des figures importantes dans le village. Pourquoi?*

Ils sont tous les trois respectés, pour des raisons différentes. Le maire a été élu, et il administre le village. Le curé est respecté car c'est un homme de foi, et par sa fonction il sait beaucoup de choses, avouées en confession. Enfin, l'instituteur est respecté pour les études qu'il a faites. A cette époque les gens avaient un sens aigu du respect pour ceux qui avaient plus qu'eux (plus de diplômes, plus d'argent, plus de pouvoir notamment).

10. *Quelle place la religion a-t-elle dans Manon des sources? Quel rôle joue-t-elle?*

Quand tout va bien au village, comme dans *Jean de Florette*, la religion n'occupe pas les esprits. C'est quand il y a un problème que les gens se tournent vers l'église. Les villageois ont peur de la vengeance divine et vont à la messe pour implorer Dieu. Ils écoutent le sermon du curé, organisent une procession et croient au miracle et à la bonté divine quand l'eau revient. Pagnol, dont le père instituteur était un farouche anti-clérical, expose les extrêmes: d'un côté les croyants, qui sont prêts à tout pour leur fontaine, et de l'autre les anti-cléricaux qui se moquent d'eux mais qui ne font rien.

11. *Montrez comment l'eau est associée à la vie dans Manon des sources.*

L'eau est nécessaire à la vie des cultures. Quand elle ne coule plus, les paysans sont paniqués, et Ugolin est obligé d'aller chercher de l'eau à la source avec son mulet pour arroser ses œillets. Quand Manon bloque la source et que la fontaine est à sec, la vie s'arrête au village. Les adultes sont prostrés, les enfants ne jouent plus, même les chiens ont l'air triste. Enfin, la scène où Manon se baigne et joue de l'harmonica est pleine de vie, de jeunesse et de fraîcheur.

L'eau est nécessaire à la vie, et c'est un moyen de contrôler la vie des autres. Pique-Bouffigue, en refusant de vendre sa terre, et donc sa source, empêchait le Papet et Ugolin de mener leurs projets à bien. Les deux hommes, quant à eux, contrôlaient le destin de Jean en bouchant sa source, et Manon avait tous les pouvoirs lorsqu'elle a découvert la source alimentant le village.

Il faut rappeler aussi que *Jean de Florette* et *Manon des sources* sont les deux tomes d'un livre intitulé *L'eau des collines*. C'est donc bien l'eau l'héroïne de l'histoire.

12. *Imaginez que le Papet ait reçu la lettre de Florette en Afrique. A votre avis, qu'aurait-il fait? En quoi sa vie aurait-elle été différente?*

Il est clair que le Papet était amoureux de Florette. S'il avait reçu cette lettre, il aurait certainement écrit au père de Florette pour lui promettre de l'épouser, comme celle-ci le lui demandait. Sa vie aurait sûrement été heureuse, et il n'aurait pas fait tout ce mal. Il aurait continué à aimer l'argent et aurait sûrement été cupide, mais avec une femme et des enfants pour satisfaire son orgueil, il n'aurait pas commis ces crimes.

13. Comparez le titre français à sa traduction en anglais. Pourquoi «sources» est-il au pluriel et «Spring» au singulier? Le mot «source» n'a qu'un sens en français. Est-ce le cas du mot «Spring» en anglais? Le titre anglais peut-il prêter à confusion?

Il y a deux sources importantes pour l'histoire: celle de Jean, que le Papet et Ugolin bouchent, et celle du village, que Manon découvre. Cela explique le pluriel en français et on peut se demander pourquoi «Spring» est au singulier. Cela prête à confusion puisque le mot a deux sens en anglais: celui de «source» et celui, beaucoup plus fréquent, de «printemps». Le titre anglais est donc moins clair que l'original.

14. Comparez la première et la dernière scène. Quels lieux sont présentés au tout début? Etaient-ils les mêmes au début de Jean de Florette? Pourquoi a-t-on un gros plan de la fontaine du village? Manon apparaît-elle dans la première scène? Pourquoi? A quel moment de la journée le film se termine-t-il? Pourquoi? Qu'est-ce qui a changé entre le début et la fin du film?

Manon des sources s'ouvre sur une scène de la vie quotidienne dans le village: nous voyons les gens au travail, faisant leurs courses, discutant, et nous suivons l'instituteur. Au début de *Jean de Florette*, nous avions traversé le village, mais sans s'y arrêter car ce n'était pas là que l'intrigue allait se dérouler. Dans *Manon des sources*, au contraire, le village et les villageois sont extrêmement importants dans l'histoire, et ils servent de cadre au film dès le début.

Le gros plan de la fontaine semble anodin, mais elle va prendre de l'importance au fil de l'histoire.

On ne voit pas Manon dès le début, car elle est extérieure au village. Elle vit dans les collines et ne se mélange pas aux villageois.

C'est le soir quand le Papet se couche et meurt. C'est symbolique: c'est la fin de sa vie et la fin de l'histoire.

Bien des choses ont changé entre le début et la fin du film. Au début le Papet et Ugolin sont riches, prospères et respectés. Ils semblent avoir tout réussi. A la fin, ils sont tous les deux morts. Quant à Manon, sa vie change radicalement après sa rencontre avec l'instituteur (puisqu'ils se marient et ont un enfant), et après la révélation des crimes du Papet et d'Ugolin: les villageois découvrent sa véritable identité et l'accueillent comme l'une des leurs.

II. Analyse d'une photo

1. *Où Manon se trouve-t-elle ? Comment est-elle habillée ?*

   Manon se trouve dans les collines, elle est assise au pied d'un arbre. Elle porte ses vêtements de tous les jours, des vêtements de bergère pauvre.

2. *Que faisait-elle juste avant cette scène ?*

   Elle faisait la sieste.

3. *Qui regarde-t-elle ? A-t-elle l'air aimable ? Pourquoi ?*

   Elle regarde l'instituteur qui vient d'arriver. Elle n'a pas l'air aimable car elle ne lui a jamais parlé et elle ne sait pas ce qu'il veut. Il faut dire aussi qu'elle n'a pas souvent l'occasion d'avoir de la compagnie (si l'on excepte celle de la dame italienne), elle n'est donc pas très sociable.

1. *Où et à quel moment cette scène se passe-t-elle?*

   Cette scène se passe dans la rue, sur le chemin de l'église, juste avant la messe.

2. *Que propose l'instituteur?*

   L'instituteur invite le Papet et Ugolin à prendre l'apéritif dans la cour de l'école après la messe car c'est son anniversaire.

3. *Le Papet et Ugolin ont-ils l'air intéressé? Pourquoi?*

   Ils ne sont pas intéressés et ont l'air préoccupé. En fait, ils sont inquiets à cause de l'eau et des conséquences sur la culture des œillets.

4. *Comment les trois personnages sont-ils habillés? Est-ce que ce sont leurs vêtements habituels?*

   Tous les trois sont endimanchés: le Papet porte une chemise blanche, une cravate et un gilet de soie, Ugolin est en chemise blanche et costume noir, et tous deux portent un chapeau. L'instituteur n'a pas de chapeau, mais il est lui aussi en costume, cravate et gilet.

III. Analyse de citations

Analysez les citations suivantes en les replaçant dans leur contexte:

1. *Un villageois (au début): «Et les morts, ça rapporte les morts?» Ugolin: «C'est pas mal les morts, c'est pas mauvais, ça rapporte bien.»*

Ugolin parle de sa culture d'œillets et est gêné quand un villageois lui pose cette question à double sens (fait-il référence aux enterrements ou à Jean de Florette en parlant des morts?). Il semble que le villageois se doute de quelque chose, et cette impression est renforcée par le sourire entendu du Papet.

2. Ugolin: «Tu ne crois pas que ça ferait un mélange terrible tout le regret du mal que je t'ai fait, et tout le plaisir du bien que je veux te faire?»

Cette question fait partie de la déclaration d'amour d'Ugolin à Manon. Il avoue non seulement son amour mais aussi sa responsabilité dans la mort de Jean.

3. Le Papet (en parlant de la source de Jean): «Faites bien attention. Si vous saviez qu'il y en avait une, et que vous ne l'avez pas dit au bossu, alors c'est vous qui êtes responsables de sa mort.»

C'est ce que le Papet affirme aux villageois après l'accusation de Manon et le départ d'Ugolin. Il se sent découvert, et maintenent tout le monde sait qu'il est coupable. Il n'admet pourtant pas sa responsabilité et préfère accuser les villageois qui, il est vrai, sont coupables aussi.

IV. Sous-titres

Voici un extrait de la lettre qu'Ugolin laisse au Papet. Comparez le texte français et les sous-titres en anglais, puis répondez aux questions:

1	Papet, je m'en vais parce que j'en peux plus.	*Papet, I'm leaving because I can't go on.*
2	C'est pas pour les œillets, tant pis s'ils crèvent. C'est à cause de mon amour.	*It's not the carnations. It's because of my love.*
3	J'ai compris qu'elle ne me voudra jamais.	*I realize she'll never want me.*
4	Je m'en doutais parce que mon ruban d'amour m'a fait un abcès qui me brûle.	*I suspected it because her ribbon burned my flesh.*
5	Et puis quand je lui ai dit devant tout le monde que je veux la marier, tout lui donner, elle m'a craché dessus en paroles.	*And when I told her in public I want to marry her, she spat at me in a fury.*
6	En plus, elle s'est réfugiée vers l'instituteur.	*What's more, she fled towards the teacher.*

a. 1ère réplique: la phrase française est-elle correcte? Que manque-t-il? Cette erreur existe-t-elle dans la phrase en anglais? Pourquoi?

Il manque une négation dans cette phrase (je «n» en peux plus). C'est une erreur très courante en français et qui n'a pas d'équivalent exact en anglais. Il aurait donc été difficile de trouver un sous-titre adéquat.

b. 2ème réplique: «tant pis s'ils crèvent» n'est pas traduit. Cette omission est-elle gênante pour la bonne compréhension des sentiments d'Ugolin?

Les sentiments d'Ugolin sont clairs malgré l'omission. Le spectateur anglophone comprend bien qu'Ugolin ne se suicide pas à cause des œillets, mais à cause de Manon.

c. 4ème réplique: les mots «her ribbon» rendent-ils avec exactitude «mon ruban d'amour»?

Le sens est respecté mais «mon ruban d'amour» est plus personnel et pathétique que «her ribbon».

d. 5ème réplique: la phrase «je veux la marier» est-elle correcte? Que doit-on dire? Retrouve-t-on cette erreur en anglais? Pourquoi?

«Je veux la marier» est une phrase incorrecte mais elle était courante dans les campagnes. Comme dans la première réplique, il était difficile de rendre cette faute en anglais.

e. 5ème réplique: «tout lui donner» n'est pas traduit. Est-ce dommage?

Il est dommage de ne pas avoir traduit «tout lui donner». En effet, bien que cela ne soit pas nécessaire à la compréhension générale, ces trois mots rendent la déclaration d'Ugolin encore plus triste et pathétique.

f. 5ème réplique: les phrases «elle m'a craché dessus en paroles» et «she spat at me in a fury» ont-elles le même sens?

La phrase anglaise est une sur-traduction. En effet, le sens de «fury» n'est pas présent dans l'original, même s'il est vrai que Manon était folle de colère dans la cour de l'école.

g. 6ème réplique: les verbes «se réfugier» et «to flee» ont-ils le même sens? L'un est-il plus profond que l'autre?

«Se réfugier» a un sens plus profond que «to flee» qui est un verbe actif mais qui n'implique pas l'idée de «chercher refuge». C'est néanmoins un bon choix puisque l'idée générale est respectée.

V. Analyse d'une scène : la cour de l'école
(de 1h 09 mn 34 sec à 1h 12 mn 15 sec après le début)

A. *Ecoutez*

a. *Qu'est-ce que l'instituteur demande ? Qu'est-ce qu'il pense ?*

Il demande aux villageois ce qu'ils pensent du sermon du curé. Il lui semble évident qu'un crime a été commis.

b. *Cette question met-elle tout le monde à l'aise ?*

Non, le Papet est sur la défensive, il se sent attaqué. Ugolin est inquiet.

c. *Comment les villageois commencent-ils à se retourner contre le Papet et Ugolin ?*

La responsabilité du Papet et d'Ugolin est de plus en plus évidente. Le sermon du curé, la question de l'instituteur et le fait que la fontaine ne coule plus leur donne le courage de parler.

d. *Qu'est-ce qu'Anglade (le villageois âgé) demande à Manon de faire ? Pourquoi lui demande-t-il de rendre ce service ?*

Il lui demande de venir à la procession car il pense que son innocence leur sera bénéfique. Ce moment est ironique quand on pense que c'est Manon qui a bouché la source…

e. *Accepte-t-elle ? Pourquoi ?*

La raison officielle de son refus est qu'elle ne veut pas prier pour les criminels, mais elle sait aussi évidemment que les prières ne serviront à rien.

f. *Qu'est-ce qui provoque la colère de Manon ? Est-ce la demande d'Anglade ?*

Non, elle se met en colère quand Ugolin lui demande de sauver ses œillets.

g. *Qu'est-ce qu'on entend quand Ugolin prend la parole ?*

On entend Manon pleurer.

h. *Qu'est-ce que Manon révèle ?*

Elle révèle que les criminels sont le Papet et Ugolin, et qu'ils ont volé l'eau de son père.

i. *Qui tutoie Manon ? Qui la vouvoie ? Est-ce que cela vous surprend ?*

Anglade et Ugolin tutoient Manon, alors que l'instituteur la vouvoie. Cela peut paraître surprenant, mais Anglade est âgé et il doit avoir l'impression qu'elle est encore très jeune. C'est aussi une marque d'affection. De la part d'Ugolin, c'est sans doute une preuve d'amour passionné ! L'instituteur la vouvoie car ils se connaissent peu, et c'est une façon de montrer qu'il la respecte.

j. *Le Papet se défend-il bien ?*

Le Papet n'essaie même pas de se défendre. Il se sent acculé et préfère battre en retraite en rentrant chez lui.

  k. Que pensez-vous de l'attitude d'Ugolin ?

  Pour une fois, Ugolin ne suit pas le Papet. Il préférerait tout avouer avec l'espoir de conquérir le cœur de Manon. Il a au moins le mérite d'être plus sincère et moins lâche que le Papet.

B. Observez

  a. Qui l'instituteur a-t-il invité ? Y a-t-il des hommes et des femmes ? Pourquoi ? La présence de Manon est-elle surprenante ?

  Il a invité une douzaine d'hommes. Il n'y a pas de femmes, ce qui était normal à l'époque. Elles rentraient chez elles après la messe pour préparer le déjeuner du dimanche. La présence de Manon est tout à fait surprenante, même si elle n'a pas de famille.

  b. Qu'est-ce qu'il y a sur les tables ?

  Il y a des nappes blanches, des bouteilles de vin blanc, des apéritifs, une carafe d'eau et des verres.

  c. L'instituteur est-il habillé comme les autres hommes ?

  Non, ils portent tous des vêtements sombres, alors que lui porte une chemise, un gilet et une cravate clairs.

  d. Où les acteurs sont-ils placés ? Sont-ils tous du même côté des tables ? Qui est séparé ?

  L'instituteur, Manon, et presque tous les villageois sont à gauche, alors que le Papet, Ugolin et un autre homme sont à droite. Les deux criminels sont clairement séparés du groupe et vont lui faire face.

  e. Quel personnage est au centre ? Pourquoi lui ?

  C'est l'instituteur qui est au centre car c'est le pivot de cette scène. C'est lui qui a réuni tout le monde, et c'est lui qui va amener Manon à révéler la vérité.

  f. Où Manon se trouve-t-elle au début ? Fait-elle vraiment partie de la scène ?

  Manon est appuyée contre un arbre. Elle observe la scène mais ne parle pas et ne boit pas. Elle est présente mais discrète.

  g. Qui l'instituteur regarde-t-il en face quand il parle du crime ?

  Il regarde clairement le Papet et Ugolin.

  h. Regardez bien les visages du Papet et d'Ugolin quand l'instituteur dit que « le discours s'adressait à quelqu'un ». Ont-ils la même réaction ?

  Le Papet est ébranlé mais il regarde l'instituteur bien en face, alors qu'Ugolin baisse les yeux.

i. Comment Manon réagit-elle quand Anglade dit « Si tu veux, tu peux nous rendre l'eau ». Que doit-elle penser à ce moment-là ? Montre-t-elle ses émotions ?

Elle est surprise, ce qui est bien normal. Personne ne comprend pourquoi Anglade pense qu'elle peut leur rendre l'eau. Elle doit aussi se demander s'il sait qu'elle a bouché la source. Elle a peut-être peur que son secret soit exposé, mais elle ne laisse rien paraître.

j. Comment Manon accuse-t-elle le Papet et Ugolin ? Les nomme-t-elle ? Pourquoi ?

Manon est peut-être trop dégoûtée pour prononcer leurs noms, et son doigt accusateur a plus de poids.

k. Qu'est-ce que le visage de Manon exprimait au début de la scène ? Et à la fin, en quoi a-t-il changé ?

Au début Manon a le visage fermé alors qu'à la fin elle est bouleversée et toute sa peine et sa colère se lisent sur elle.

l. Peut-on dire que c'est une scène de jugement ? Qui sont les accusés ? Qui est le juge ? Qui est le procureur ? Qui est l'avocat ? Qui sont les témoins ?

Cette scène ressemble fort à un jugement avec le Papet et Ugolin comme accusés, l'instituteur comme juge, Manon comme procureur, le Papet comme avocat, et les villageois comme témoins.

C. Cette scène dans l'histoire

1. Cette scène est-elle importante pour les spectateurs ? Apprend-on des choses que l'on ne savait pas déjà ?

C'est une scène très importante pour l'histoire et les personnages, mais les spectateurs n'apprennent rien qu'ils ne savaient déjà. Ceci dit, c'est la première fois que tous les personnages principaux sont réunis, et c'est intéressant de les voir s'affronter.

2. Pourquoi est-ce une scène-clé pour
  a. le Papet et Ugolin ?

Ils savaient que les villageois avaient connaissance de la source sur la terre de Jean de Florette, mais ils sont très surpris et choqués d'apprendre que Manon sait toute la vérité. Ils se sentent donc au pied du mur entre Manon qui a tout observé et les villageois enfin prêts à rompre le silence.

  b. Manon ?

C'est une scène très importante pour Manon puisqu'elle peut enfin révéler la vérité et exposer les criminels, et ceci devant de nombreux témoins.

    c. *l'instituteur ?*

    Il n'est pas au village depuis longtemps donc il n'a pas vécu le drame de Jean de Florette. Son rôle est cependant prépondérant puisque c'est lui qui réunit tous les acteurs du drame, et qui provoque les révélations. Il n'en attendait sans doute pas tant en organisant son apéritif…

4. *les villageois ?*

    Ils savaient que Jean avait une source sur sa terre et ont choisi de se taire. Ils ne savaient pas, en revanche, qu'elle avait été bouchée par le Papet et Ugolin. Dans cette scène ils apprennent l'ampleur de la culpabilité des Soubeyran, et par extension l'ampleur de leur responsabilité morale.

D. *Langue*

1. Pronoms

Dans cette scène les acteurs utilisent de nombreux pronoms personnels pour s'exprimer. Remplissez les blancs avec des pronoms directs, indirects, toniques, y ou en.

   a. *Le curé sait la vérité mais il ne peut pas <u>en</u> parler.*
   b. *Les villageois sont intéressés par l'histoire de Manon, alors ils <u>l'</u>écoutent.*
   c. *Quand ils sont arrivés au village il <u>leur</u> a semblé que les gens n'étaient pas accueillants.*
   d. *L'instituteur ne sait pas la vérité mais Manon, <u>elle</u>, la sait.*
   e. *Combien y a-t-il de sources sur cette terre ? Il y <u>en</u> a deux.*
   f. *Ugolin veut savoir ce que Manon <u>lui</u> reproche.*
   g. *Anglade pense que Manon peut rendre l'eau aux gens, alors il lui demande de prier pour <u>eux</u>.*
   h. *Comme le Papet et Ugolin ont volé l'eau de Jean, Dieu <u>les</u> a punis.*
   i. *Manon ne savait pas où la source se trouvait, elle <u>l'</u>a découverte en perdant une chèvre.*
   j. *Quand Delphine a parlé au Papet, elle <u>lui</u> a dit la vérité.*
   k. *Le curé ne parle pas du crime clairement mais il <u>y</u> fait allusion.*
   l. *Vous avez vu Manon des sources. Qu'est-ce que vous <u>en</u> pensez ?*

2. Verbes suivis de à/de

Dans les dialogues on remarque plusieurs verbes et expressions verbales suivis de à/de :

faire allusion à   parler à   avoir l'air de
s'adresser à   penser de   parler de
reprocher à

Remplissez les blancs en conjuguant un de ces verbes (attention aux articles contractés !) :

   a. Les paroles du curé <u>s'adressent aux</u> criminels.
   b. Qu'est-ce que vous <u>pensez de</u> cette actrice ?
   c. Ugolin <u>parle à</u> Manon pour lui dire son amour.
   d. Manon <u>reproche aux</u> villageois de ne pas avoir aidé son père.
   e. L'instituteur <u>parle du</u> rêve qu'il a fait.
   f. Manon <u>a l'air d'être</u> innocente.
   g. Les villageois savent que le curé <u>fait allusion aux</u> Soubeyran.

3. Hypothèses

Formulez des hypothèses sur l'histoire en conjuguant les verbes suivants. Faites bien attention à la concordance des temps !

   a. Si Manon <u>va</u> à la procession, l'eau reviendra.
   b. Si quelqu'un était coupable, nous le <u>saurions</u>.
   c. Si le Papet et Ugolin n'avaient pas bouché la source, Jean <u>aurait pu</u> réussir.
   d. Si tu <u>veux</u>, tu peux nous aider.
   e. Si Manon rencontre l'instituteur dans la colline, elle n'<u>aura</u> pas peur.
   f. Si le Papet <u>avait reçu</u> la lettre, il aurait épousé Florette.
   g. Si Jean avait de l'eau, ses légumes <u>pousseraient</u> sans problème.
   h. Si Ugolin <u>se marie</u>, la fortune des Soubeyran restera intacte.
   i. Si l'eau ne revient pas demain, il <u>faudra</u> aller en chercher avec le mulet.
   j. Si Manon n'avait pas perdu sa chèvre, elle <u>n'aurait pas découvert</u> la grotte.

E. Comparaison avec d'autres scènes

Comparez cette scène avec :

1. *une scène de* Jean de Florette *: les hommes au café (de 19 mn 13 sec à 21 mn 42 sec après le début, scène étudiée dans le module sur* Jean de Florette*)*

    a. *Quels sont les personnages en commun dans les deux scènes ? Lesquels sont différents ?*

    Les personnages communs sont le Papet et Ugolin, ainsi qu'un certain nombre de villageois. Les personnages différents sont Manon (qui était trop petite dans *Jean de Florette*) et l'instituteur (qui n'était pas encore au village).

    b. *Quelle attitude le Papet a-t-il dans les deux scènes ? Est-il à l'aise ?*

    Dans les deux cas le Papet se sent attaqué et doit se défendre. Il n'est convaincant ni dans l'une ni dans l'autre, puisque tout le monde sait la vérité.

    c. *Peut-on dire que la scène de* Manon des sources *répond à celle de Jean de Florette ?*

    Dans la scène de *Jean de Florette*, les villageois, notamment Anglade, mettaient en doute les affirmations du Papet. Les spectateurs étaient donc préparés à ce que la vérité éclate un jour. C'est Manon qui accuse mais elle est soutenue par tout le monde.

2. *les révélations de Delphine (de 1h 36 mn 05 sec à 1h 41 mn 39 sec après le début)*

    a. *Qu'est-ce que le Papet apprend dans chaque scène ? Par qui les révélations arrivent-elles ?*

    Dans la cour de l'école le Papet découvre que Manon sait depuis longtemps que les Soubeyran sont coupables. Il comprend aussi que les villageois ne le soutiendront pas. Ensuite, Delphine l'assure que Florette l'aimait, et lui annonce qu'elle était enceinte de lui, que cet enfant est né vivant, et qu'il était bossu. Les révélations arrivent par des femmes, une jeune, et une femme âgée.

    b. *Dans quel contexte les personnages se trouvent-ils ? Pensez aux lieux, à l'heure du jour, aux témoins.*

    Les situations sont très différentes : la première scène se passe dans la cour de l'école, autour de midi, et devant de nombreux témoins, alors que la seconde a lieu devant l'église, à la tombée de la nuit, sans témoin.

    c. *Quel est le ton général de chaque scène ?*

    La première scène est tendue : Manon accuse et pleure, Anglade supplie, le Papet s'énerve. Dans la seconde, le tragique l'emporte. Les personnages sont immobiles, Delphine est très calme, le Papet est effondré.

F. Sketch

Imaginez que cette scène se soit déroulée autrement. Voici quelques pistes pour changer le scénario :

   1. le Papet avoue tout devant tout le monde et demande à Manon de lui pardonner
   2. certains villageois prennent le parti du Papet, d'autres défendent Manon
   3. un des personnages fait une révélation inconnue de tous (et des spectateurs)

Ecrivez le dialogue et jouez-le avec vos camarades.

Il serait bon d'encourager les élèves à faire preuve d'imagination, tout en leur rappelant que les situations doivent être plausibles. Il doivent aussi utiliser un vocabulaire approprié à l'époque (donc pas de « OK » ou « nul » !).

VI. Lecture

L'extrait suivant est tiré de La Gloire de mon père. *Dans ce roman, Marcel Pagnol raconte ses souvenirs d'enfance, en particulier ses vacances dans les collines provençales. Il s'est lié d'amitié avec Lili, un petit paysan de son âge qui connaît très bien les lieux. Dans cet extrait, Marcel et Lili font un pique-nique dans les collines avec le père et l'Oncle (Jules) de Marcel.*

—Tu connais sûrement d'autres sources?
—J'en connais sept, dit Lili.
—Et où sont-elles?
Le petit paysan parut[1] un peu embarrassé, mais il répondit clairement.
—C'est défendu de le dire.
Mon père fut aussi étonné que moi.
—Pourquoi donc?
Lili rougit, avala[2] sa salive, et déclara:
—Parce qu'une source, ça ne se dit pas!
—Qu'est-ce que c'est que cette doctrine? s'écria l'oncle.
—Evidemment, dit mon père, dans ce pays de la soif, une source, c'est un trésor.
—Et puis, dit Lili, candide, s'ils savaient les sources, ils pourraient y boire!
—Qui donc?
—Ceux[3] d'Allauch ou bien de Peypin. Et alors, ils viendraient chasser[4] ici tous les jours! […]
—Mais nous, nous ne sommes pas des excursionnistes. Nous ne salissons[5] pas les sources, et tu pourrais nous dire où elles sont.

1 seemed

2 swallowed

3 the people from
4 hunt

5 dirty

—Je voudrais bien, dit Lili. Mais c'est défendu. Même dans les familles, ça ne se dit pas...

—Dans les familles, dit mon père, ça, c'est encore plus fort[6].

—Il exagère peut-être un peu, dit l'oncle.

—Oh non! c'est la vérité! Il y en a une que mon grand-père connaissait: il n'a jamais voulu le dire à personne...

—Alors, comment le sais-tu?

—C'est parce que nous avons un petit champ, au fond de Passe-Temps. Des fois[7] on allait labourer[8], pour le blé noir[9]. Alors, à midi, au moment de manger, le papet disait: «Ne regardez pas où je vais!» Et il partait avec une bouteille vide.

Je demandai:

—Et vous ne regardiez pas?

—O Bonne Mère! Il aurait tué tout le monde! Alors, nous autres on mangeait[10] assis par terre[11], sans tourner l'oeil de son côté. Et au bout d'un moment, il revenait avec une bouteille d'eau glacée

Mon père demanda:

—Et jamais, jamais vous n'avez rien su?

—A ce qu'il paraît que[12] quand il est mort, il a essayé de dire le secret...Il a appelé mon père, et il lui a fait[13]: «François, la source...la source...» Et toc, il est mort...Il avait attendu trop longtemps. Et nous avons eu beau[14] la chercher, nous l'avons jamais trouvée. Ça fait que c'est une source perdue...

—Voilà un gaspillage[15] stupide, dit l'oncle.

—Eh oui, dit Lili, mélancolique. Mais quand même[16], peut-être elle fait boire les oiseaux?

6 that's even worse

7 sometimes
8 plow
9 buckwheat

10 we ate
11 on the ground

12 I heard that
13 here: said

14 and no matter how hard we tried

15 waste
16 but still

---

1. *Pourquoi Lili refuse-t-il de dire où les sources se trouvent? Cette méfiance est-elle comparable à celle exprimée dans* Jean de Florette *et* Manon des sources*?*

   Lili refuse de dire où les sources se trouvent car c'est un secret. Elles représentent une telle richesse que les gens les gardent pour eux. Cette méfiance est tout à fait comparable à celle exprimée dans *Jean de Florette* et *Manon des sources*. L'étranger, même s'il est sympathique comme Marcel et sa famille, n'est pas spontanément accueilli et on ne peut pas lui faire confiance.

2. *A quoi le père de Marcel compare-t-il les sources ?*

   Il compare les sources à un trésor.

3. *Pourquoi les sources doivent-elles rester secrètes d'après Lili ?*

   Si tout le monde savait où les sources se trouvent, les gens de l'extérieur viendraient et les abîmeraient. Ils ne les respecteraient pas car ils ne les apprécient pas à leur juste valeur.

4. *Qu'aurait fait le grand-père de Lili si quelqu'un l'avait observé ?*

   Il aurait tué tout le monde !

5. *Lili trouve-t-il grave que la source que son grand-père connaissait soit perdue? Que dit-il? Qu'est-ce que cela indique sur la relation des paysans à la nature?*

   Lili n'est pas désolé de ne pas savoir où la source de son grand-père se trouve. Il espère que les oiseaux en profitent. Les paysans vivent en harmonie avec la nature et ne cherchent pas à tout comprendre et à tout maîtriser. Les animaux sont aussi importants qu'eux puisqu'ils les aident à vivre.

# ANNEXES

VOCABULAIRE DU CINEMA

« le septième art »: *le cinéma*

Les films:
un film: *a movie*
une comédie: *a comedy*
un drame: *a drama*
un (film) policier: *a detective movie*
un film d'aventures: *an adventure film*
un film de cape et d'épée: *a swashbuckler*
un film d'action: *an action movie*
un film à suspense: *a thriller*
un film d'épouvante: *a horror movie*
un western: *a Western*
un film de science fiction: *a science fiction movie*
un documentaire: *a documentary*
un dessin animé: *a cartoon*
un film muet: *a silent film*
un film à succès: *a box office hit*
un échec: *a flop*

L'équipe:
un(e) réalisateur (-trice): *a director*
un metteur en scène: *a director*
un(e) producteur (-trice): *a producer*
un(e) scénariste: *a screenwriter*
un distributeur: *a distributor*
tourner un film: *to shoot a film*
produire un film: *to produce a film*
un scénario: *a screenplay*

Les acteurs:
un(e) acteur (-trice): *an actor / actress*
une vedette: *a star*
un rôle: *a role*
un rôle principal: *a starring role*
un second rôle: *a supporting actor*
un personnage: *a character*
un héros: *a hero*
une héroïne: *a heroine*

La technique:
la caméra: *the camera*
un zoom: *a zoom lens*
une scène: *a scene*
un gros plan: *a close-up*
un plan d'ensemble: *a long shot*
un travelling: *a tracking shot*
un costume: *a costume*
le maquillage: *make-up*
les accessoires: *props*
une bobine: *a reel*
le son: *the sound*
le bruitage: *the sound effects*
la voix off: *the voice over*
une musique de film: *a score*
une bande sonore: *a soundtrack*
les effets spéciaux: *special effects*
le générique: *the credits*
le montage: *editing*
les sous-titres: *the subtitles*
doubler: *to dub*
en version originale = en v.o.: *in the original language*
la bande-annonce: *the trailer*

Le cinéma:
un cinéma: *a movie theater*
aller au cinéma: *to go to the movies*
passer un film: *to show a movie*
l'écran: *the screen*
un siège: *a seat*
regarder un film: *to watch a movie*
un cinéphile: *a movie buff*

Les festivals de cinéma:
la première: *the opening night*
une récompense: *an award*
un(e) nominé(e): *a nominee*

La vidéo:
un magasin de location vidéo: *a video store*
une cassette vidéo: *a video (cassette)*
un DVD: *a DVD*
louer: *to rent*
rapporter: *to return*
un magnétoscope: *a VCR*
un lecteur DVD : *a DVD player*
une télécommande: *a remote control*
réembobiner: *to rewind*
accélérer: *to fast-forward*

Le Festival de Cannes: Il a lieu tous les ans en mai depuis 1939. Le prix principal est la Palme d'or.

Les César: L'Académie des arts et techniques du cinéma décerne les César chaque année depuis 1976. Cette distinction est comparable, en France, aux Oscars américains. Le nom de ce prix vient du sculpteur César qui a réalisé les statuettes remises aux vainqueurs (c'est la raison pour laquelle le mot ne se met jamais au pluriel).

Le Prix Lumière: Ce prix est décerné par 200 correspondants de la presse étrangère. Les frères Lumière étaient des pionniers du cinéma à la fin du XIXe siècle.

Le Prix Méliès: Il est décerné par le Syndicat français de la critique de cinéma et récompense le meilleur film français de l'année. Georges Méliès était un cinéaste au début du siècle.

Le Prix Louis-Delluc: Ce prix (décerné tous les ans depuis 1937) couronne le meilleur film français de l'année. Louis Delluc (1890-1924) était un cinéaste et est considéré comme le fondateur de la critique cinématographique.

L'Académie Nationale du Cinéma: elle a été créée en 1982 et compte 40 membres (tous des personnalités du cinéma) qui décernent leur prix chaque année.

COMMENT EXPRIMER VOTRE OPINION

je pense que : *I think that*
je crois que : *I believe that*
je trouve que : *I find that*
j'estime que : *I consider that*
je suppose que : *I suppose that*
il me semble que : *it seems to me that*

j'aime : *I like*
j'adore : *I love*
je déteste : *I hate*
je préfère : *I prefer*
cela m'est égal : *I don't mind*

à mon avis : *in my opinion*
je suis d'avis que : *I am of the opinion that*
je suis du même avis que : *I am of the same opinion as*
je partage l'opinion de : *I agree with*
je partage le point de vue de (quelqu'un) : *I share (someone)'s point of view*
je suis d'accord avec : *I agree with*
je ne suis pas d'accord avec : *I disagree with*
j'ai changé d'avis : *I changed my mind*

en ce qui me concerne : *as far as I am concerned*
j'ai l'impression que : *I am under the impression that*
j'ai dans l'idée que : *I have an idea that*
je suis persuadé(e) que : *I am convinced that*
je suis convaincu(e) que : *I am convinced that*
je doute que : *I doubt whether*
je mets en doute : *I question*
cela me fait penser à : *this reminds me of*
cela me rappelle : *this reminds me of*

CREDITS

Text :
Marcel Pagnol, excerpt from *La gloire de mon père* © Edition Bernard de Fallois, marcel-pagnol.com

Photos :
Manon des sources - © Pathé Renn Productions